Néstor Omar Salgado

Un mensaje de amor para la familia Cristiana

Néstor Omar Salgado

Un mensaje de amor para la familia Cristiana

Un material de Consejería y crecimiento espiritual

CREDO EDICIONES

Imprint
Any brand names and product names mentioned in this book are subject to trademark, brand or patent protection and are trademarks or registered trademarks of their respective holders. The use of brand names, product names, common names, trade names, product descriptions etc. even without a particular marking in this work is in no way to be construed to mean that such names may be regarded as unrestricted in respect of trademark and brand protection legislation and could thus be used by anyone.

Cover image: www.ingimage.com

Publisher:
CREDO EDICIONES
is a trademark of
International Book Market Service Ltd., member of OmniScriptum Publishing Group
17 Meldrum Street, Beau Bassin 71504, Mauritius

Printed at: see last page
ISBN: 978-613-1-35925-5

Libro

“Un mensaje de amor para la familia Cristiana”

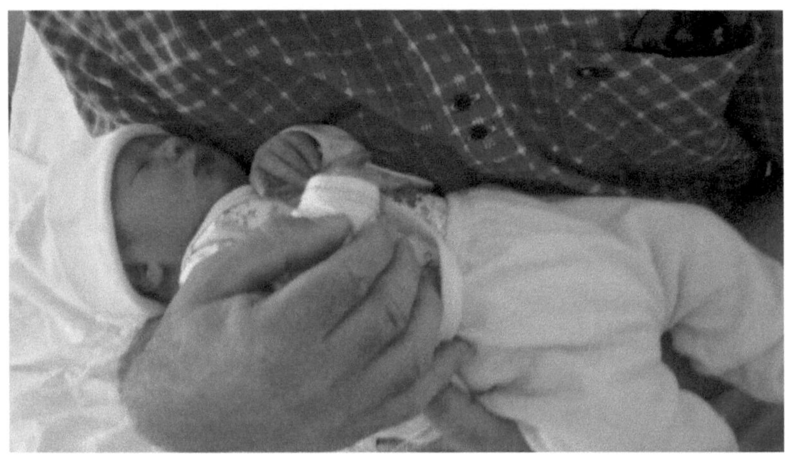

Autor
Néstor O Salgado
Casbas//Argentina

"Un Mensaje de amor para la familia Cristiana"

Autor Néstor Omar Salgado

Periodista, escritor, Consejero Cristiano; autor de Doce libros publicados en Argentina, su último editado "Como Alcanzar la Felicidad si no te amas"

Conductor del programa radial "Visión Alternativa" que se emite por FM Power 95.5 de la Ciudad de Casbas; **Agradece a la Dirección de Departamentos Académicos, Secretaría de Gestión Académica.**

Por la revisión de este material y al Padre Celestial por darme el don de la palabra

"Tu vida cambia cuando tomas la decisión que así sea; no esperes los milagro, conformate con avanzar paso a paso hasta alcanzar las metas que un día te propusiste; pídele a Dios que cada tanto te tome de la mano si fuera necesario; pero jamás claudiques ante los obstáculos"

"Aprende a caminar guiado por tu corazón y tu esperanza"

<u>Un mensaje de amor
para la familia Cristiana</u>

Este libro renovará tu fe en las promesas de Dios, te brindara consuelo y Fortaleza

Si un día estás triste

sin ganas de vivir

sin esperanzas.

Cierra tus ojos y recuerda

cuantas cosas lindas, te dio la vida.

Néstor O Salgado

Prologo

Estimados hermanos y hermanas, gran parte de nuestra vida se nos pasa cumpliendo obligaciones laborales o de servicio:El Apóstol Pablo le aconsejó a Timoteo como se puede aprovechar al máximo el trabajo que Dios le da a cada uno; después de explicarle a Timoteo las responsabilidades de su trabajo; él dice "Ocúpate en estas cosas; permanece en ellas, para que tu aprovechamiento sea manifiesto a todos" (1.Timoteo 4.15) Las personas verán nuestro compromiso si hacemos las tareas con entusiasmo; en Eclesiastés capítulo 9 versículo 10 se nos amonesta a hacer todo según nuestras fuerzas ¿lo ha llamado Dios a Ser pastor/a? Sirvale de todo corazón, es maestra del evangelio; conviértase en la mejor maestra; es trabajador rural, carpintero, ama de casa, obrero,empleada, docente, auxiliar, empleado/a público,periodista, político, electricista, comerciante: El Padre Celestial lo ha guiado al trabajo que usted tiene; reconozca que su mero trabajo constituye parte del llamado de Dios en su vida; Él tiene un plan para cada uno de nosotros.

Cada persona es valiosa ante Jesucristo; en cambio el hombre valora según lo que ven sus ojos; al rico se lo respeta mucho, al pobre se le tiene lástima o se lo desprecia, en cambio Jehová no mira lo que mira el hombre; pues el hombre mira lo que está delante de sus ojos, pero Jehová mira el corazón (1. Samuel 16.7) Como Cristianos tenemos que ser la sal y la luz del mundo y nuestra actitud ante las responsabilidades laborales demostraran a los demás hasta donde estamos comprometidos con nuestras responsabilidades ante Dios y ante los hombres.

Néstor O Salgado

Empleemos nuestro talento para continuar nuestro Ministerio

Muchas veces los seres humanos, a pesar de tener talentos personales, incluso capacidad de liderazgo, tienen temores que los limitan y asustan; a todos nos pesaría que realmente no estuviéramos utilizando los talentos que Dios nos dio por temor; veamos que dice la Biblia en la parábola de los talentos.

14 Porque el reino de los cielos es como un hombre que yéndose lejos, llamó a sus siervos y les entregó sus bienes. 15 A uno dio cinco talentos, y a otro dos, y a otro uno, a cada uno conforme a su capacidad; y luego se fue lejos. 16 Y el que había recibido cinco talentos fue y negoció con ellos, y ganó otros cinco talentos. 17 Asimismo el que había recibido dos, ganó también otros dos. 18 Pero el que había recibido uno fue y cavó en la tierra, y escondió el dinero de su señor. 19 Después de mucho tiempo vino el señor de aquellos siervos, y arregló cuentas con ellos. 20 Y llegando el que había recibido cinco talentos, trajo otros cinco talentos, diciendo: Señor, cinco talentos me entregaste; aquí tienes, he ganado otros cinco talentos sobre ellos. 21 Y su señor le dijo: Bien, buen siervo y fiel; sobre poco has sido fiel, sobre mucho te pondré; entra en el gozo de tu señor. 22 Llegando también el que había recibido dos talentos, dijo: Señor, dos talentos me entregaste; aquí tienes, he ganado otros dos talentos sobre ellos. 23 Su señor le dijo: Bien, buen siervo y fiel; sobre poco has sido fiel, sobre mucho te pondré; entra en el gozo de tu señor. 24 Pero llegando también el que había recibido un talento, dijo: Señor, te conocía que eres hombre duro, que siegas donde no sembraste y recoges donde no esparciste; 25 por lo cual tuve miedo, y fui y escondí tu talento en la tierra; aquí tienes lo que es tuyo. 26 Respondiendo su señor, le dijo: Siervo malo y negligente, sabías que siego donde no sembré, y que recojo donde no esparcí. 27 Por tanto, debías haber dado mi dinero a los banqueros, y al venir yo, hubiera recibido lo que es mío con los intereses. 28 Quitadle, pues, el talento, y dadlo al que tiene diez talentos. 29 Porque al que tiene, le será dado, y tendrá más; y al que no tiene, aun lo que tiene le será quitado. 30 Y al siervo inútil echadle en las tinieblas de afuera; allí será el lloro y el crujir de dientes.

*31 Cuando el Hijo del Hombre venga en su gloria, y todos los santos ángeles
con él, entonces se sentará en su trono de gloria, 32 y serán reunidas delante de él
todas las naciones; y apartará los unos de los otros, como aparta el pastor las
ovejas de los cabritos. 33 Y pondrá las ovejas a su derecha, y los cabritos a su
izquierda. 34 Entonces el Rey dirá a los de su derecha: Venid, benditos de mi
Padre, heredad el reino preparado para vosotros desde la fundación del mundo.
35 Porque tuve hambre, y me disteis de comer; tuve sed, y me disteis de beber; fui
forastero, y me recogisteis; 36 estuve desnudo, y me cubristeis; enfermo, y me
visitasteis; en la cárcel, y vinisteis a mí. 37 Entonces los justos le responderán
diciendo: Señor, ¿cuándo te vimos hambriento, y te sustentamos, o sediento, y te
dimos de beber? 38 ¿Y cuándo te vimos forastero, y te recogimos, o desnudo, y te
cubrimos? 39 ¿O cuándo te vimos enfermo, o en la cárcel, y vinimos a ti? 40 Y
respondiendo el Rey, les dirá: De cierto os digo que en cuanto lo hicisteis a uno de
estos mis hermanos más pequeños, a mí lo hicisteis.*

Se han dado cuenta la importancia vital que tiene para Jesucristo, el hecho de servirle con eficiencia

Él fue crucificado para la remisión de nuestros pecados. Antes de Su último aliento, Él dijo "¡Consumado es!" (Juan 19:30). Él derramó toda Su sangre para dar el pago de nuestro pecado. Y Él fue levantado de entre los muertos al tercer día, y ascendió al Cielo. Él borró todo el pecado del mundo, absolutamente con Su bautismo y Su sangre sobre la Cruz.

El Apóstol Pablo dijo, "Cristo murió por nuestros pecados, conforme a las Escrituras" (1 Corintios 15:3). Esa es nuestra tarea, predicar sin temor y con talento la palabra de Dios

Estar verdaderamente bien alimentados

Cada día hombres y mujeres tratan de saciar su hambre; algunos se esmeran por consumir productos más naturales (que no contengan contaminantes) otros, aunque tendrían la misma intención, deben consumir lo que el mercado les ofrece y a veces (especialmente las clases sociales de menores ingresos, deben comprar alimentos de bajas calidades) Pero aquí nos referiremos a otro tipo de alimento, que la gran mayoría de las personas a dejado de consumir, o consume en pequeñas dosis y es el alimento espiritual.

Tengo sobre mi mesa de Trabajo un libro, se titula Elementos básicos de la vida Cristiana y fue escrito por el Pastor Witness Lee y Watchman Nee; en él se refiere algo muy importante; cómo nutrir nuestro espíritu; te contamos cómo hacerlo.

Es imposible que algún Cristiano que emplee diariamente menos de media hora en la Presencia del Señor sea adecuadamente espiritual y sano. Este es un principio fijo ¿puede alguien estar saludable si no come diariamente?

Si hacemos esto diariamente Jesucristo efectuará un gran cambio en nosotros. Nuestra experiencia de Cristo se profundiza y con el tiempo podremos influir más en otros.

Toda la situación entre nosotros cambiará radicalmente, no por enseñanza, ni por estudio; sino al tener contacto con el Señor.

Debemos pagar el precio y emplear este tiempo en oración, por el bien de nuestro crecimiento espiritual.

Un Reverendo expresaba sobre este tema lo siguiente.

¿Tienen problemas o ansiedades? Entonces, oren a Dios con la fe que cree en Su Palabra. Los problemas y las ansiedades surgen cuando no rezamos a Dios para que nos ayude. Deben creer en Él mientras rezan con fe. Entonces El responderá sus plegarias.

Debemos vivir con fe en la Verdad de Dios y estar suficientemente agradecido a Dios por habernos permitido curar las enfermedades espirituales de la gente.

Si estamos preocupados, debemos orar a Dios con confianza. El Señor responderá a nuestras oraciones sin duda alguna, nos dará paz y resolverá nuestros problemas. Por eso debemos rezar en todo momento y sin cesar (1 Tesalonicenses 5, 17).

Sin duda tenemos hambre del alimento verdadero, es hora de comenzar dedicando media hora a la oración que nos permitirá saciar nuestro apetito existencial.

Cuidar nuestros pensamientos

Si eres cristiano y crees que Jesucristo es tu Salvador debe ser consciente que tus pensamientos deben alinearse con tu fe; porque desde allí puede germinar(en tus pensamientos) las mayores contradicciones entre lo que dice ser y lo que haces. No sólo a la vista de los demás sino en forma oculta(en tu vida privada) como honrarás a Dios si sos predicador y tratas injustamente a tus obreros,familia oh Hermanos, si engañas a tu pareja, si no trabajas.

En un mundo en manos del maligno* es todo un desafío intelectual, moral y físico predicar otro reino, predicar el venidero mundo que esperamos.

Sólo con el ejemplo de nuestra vida conquistaremos el corazón de los demás; no puede predicar la luz del evangelio, si este mismo mensaje no cambió tu vida.

**la Biblia dice que Satanás tiene poder sobre el mundo, debemos recordar que Dios le ha dado dominio sólo sobre los incrédulos. Los creyentes ya no están bajo el imperio de Satanás (Colosenses 1:13)*

<u>Necesito un tiempo para pensar</u>

Muchas parejas cuando vienen atravesando una crisis en su relación suelen escuchar esta frase de uno de sus miembros *"Necesito un tiempo para pensar"* Es decir en pocas palabras *"Me voy solo/a por un tiempo, veré si regreso*"

El romance y el don de la sexualidad son bendecidos por Dios cuando se ejercen dentro de los vínculos del matrimonio. Está en la Biblia, Proverbios 5:18-19, "Sea bendito tu manantial, y alégrate con la mujer de tu juventud, como cierva amada y graciosa gacela. Sus caricias te satisfagan en todo tiempo, y en su amor recréate siempre".

Es evidente que si uno de los miembros de la pareja decide alejarse ya no es feliz con el otro ser y su amor está enfriándose

Antes de finalizar una relación es bueno saber que quizás tu pareja te necesite como vos la necesitas a ella emocionalmente y que mejorando el diálogo podrías saber con plena seguridad si el futuro aun los encontrará unidos o el tiempo para pensar terminara siendo un adiós definitivo.

El amor es complicado, pero es uno de los mejores sentimientos que podemos expresar a los demás.

La Dignidad de la Raza Humana

Siempre he admirado a las personas que son emprendedoras; especialmente aquellas que lo hacen con carácter solidario; porque nos indican el camino del compromiso con el otro; como lo hizo Jesús soportando los agravios y los golpes de los Mercenarios y mediante un gesto de amor, dio su vida por todos nosotros.

(Juan 15, 9-17)

Lamentablemente quedan cada vez menos personas que ayudan a su prójimo sin segundas intenciones o sin pensar tanto en su propio beneficio,

La Hipocresía a calado muy hondo en el Ser Humano y se nota en todos lados.

El que aporta dinero en la Iglesia, se sentirá merecedor de las primeras filas, cerca del Púlpito.

El Político que consigue algo mediante su gestión (que no es otra cosa, que cumplir con su función, por lo cual es rentado) Piensa que los Ciudadanos que se beneficiaron de alguna manera, son votos.

Cuando en realidad, el buen criterio dice que cumplir una buena tarea sería simplemente devolver a la comunidad con obras y gestiones, la confianza que esta le brindó.

El que estudia varios años y consigue un título; si no mantiene su humildad, se creerá culturalmente superior, al obrero, que sin poseer un certificado, gana honorablemente el pan con su trabajo.

Pero más allá de estas actitudes vanidosas, hay cientos o miles de personas que aportan cada día su granito de arena por una sociedad mejor; son las que tienen una actitud optimista ante la vida; se alegran ante sus propios logros y los éxitos de los demás ; son los que no envidian el bien ajeno.

Finalmente son aquellas personas con valores, que sostienen la dignidad de la raza humana.

La difícil tarea de tratar de comprender a los demás

Las personas que son inseguras se tornan muchas veces posesivas con quienes dicen amar, si a esto le sumamos los celos, les costará mucho sostener cualquier relación con otras personas sin generar conflictos; si no logran controlar sus impulsos se pueden poner agresivos.

Lo importante en estos casos es darse uno cuenta que esta actuando mal y sin culpar a los otros comenzar a controlar nuestro "ego" dejando de ser dependientes gradualmente (Esto no se consigue de la noche a la mañana) Si lo logramos avanzaremos en la búsqueda de fortalecer nuestra auto-estima y si alguna vez sentimos que no tenemos fuerzas suficiente pidamos en oración* al Padre Celestial que nos fortalezca para enfrentar el reto de ser más equilibrados en nuestras relaciones personales y aprendiendo amar a las personas sin condicionarlas.

(*Salmo 85)

Nunca vi a un justo abandonado

Es algo que ocurre bastante seguido en la sociedad; les pasa tanto a hombres como a mujeres y es no sentirse apoyados por sus familiares o parejas en las iniciativas que ellos tienen, en sus proyectos, se sienten inmensamente solos/as cuando desearían de todo corazón ser apoyados en sus iniciativas, que compartieran sus sueños.

Pero notan que pareciera que lo suyo no importara, entonces se angustian, se deprimen y a veces desmoralizados abandonan sus proyectos.

Pero para todas esas personas tengo buenas noticias, lo mismo que te sucede a ti le sucedió a muchas de las personas que alcanzaron elevadas metas para la humanidad.

Pocos creían en sus sueños, sin embargo ellos/as siguieron adelante y los hicieron realidad.

Recuerda que toda prosperidad proviene de Dios, a él no le agrada ver a sus hijos pasar necesidades el Salmista dice: "Fui joven y ahora soy viejo, pero nunca vi a un justo abandonado." (Salmo 37, 25)

Prosigue impulsando tus proyectos laborales, sociales, escribe tu libro, pinta, crea tu arte, canta tu canción y sobre todo "Ama tu vocación y no te resignes a no ver realizadas tus propias aspiraciones.

Únete a gente que trabaje en proyectos parecidos, acércate amigos que tengan una visión positiva de la vida, bendice la vida de los demás y seguramente prosperará en todos tus caminos.

8»El Señor bendecirá tus graneros, y todo el trabajo de tus manos.

»El Señor tu Dios te bendecirá en la tierra que te ha dado.

Deuteronomio 28:8 Nueva Versión Internacional (NVI)

Dejando nuestra carga a los pies de Jesús

Muchas veces agobiados por nuestras cargas emocionales (pecados)solemos sentirnos abrumados; si bien es sabido que sí sembramos viento cosechamos tempestades* debemos tener presente que aún existe la misma promesa vigente que Jesús le hizo a la mujer que fue encontrada cometiendo adulterio cuando le perdonó y le dijo estás perdonada, ahora vete y no peques más.
Asumamos esa promesa como propia y Comencemos a vivir una nueva etapa dejando nuestras cargas a los pies de Jesús para darnos una nueva oportunidad de vivir con rectitud ante los ojos de Dios.

* Lea en su Biblia para ampliar el entendimiento de este tema (Oseas 8-7) + Juan 8-11

Retener lo bueno

La mayoría de nuestras relaciones, sean con parejas, familia, amigos o compañeros/as de trabajo
suelen pasar por buenos y malos momentos y muchas veces nos cuesta, especialmente cuando nos ofendemos
con los demás alejarnos un poco de los hechos, gestos o palabras y reflexionar sobre la situación.
Pensar las actitudes del otro, pero también las nuestras y sobre todas las cosas nos cuesta aprender a retener lo bueno de esa relación.
Es verdad que a veces son injustos con nosotros; pero acaso nunca lo hemos sido también.

Julieta cuando le hablaba sobre lo bien que le haría internamente perdonar a su madre
alguna correcciones del pasado que ella consideraba algo injustas me hacía esta pregunta
¿cómo puedo perdonar a mi madre con tanta facilidad, si ella fue injusta conmigo?
Si yo le respondía con mis palabras, ella me podría responder; claro...Para vos es fácil
porque no estuviste en mi lugar, por eso voy a recurrir a la Palabra de Dios y esta dice
en Colosenses 3.13
13 de modo que se toleren unos a otros y se perdonen si alguno tiene queja contra otro. Así como el Señor los perdonó, perdonen también ustedes.
Si te sientes molesta/o por alguna aptitud de los demás procura el diálogo, ármate de paciencia y ora a Jesucristo por sabiduría,
Puede suceder también que la necedad del otro no te permitan restaurar esa relación, pero tu conciencia quedará tranquila, al ser consciente que hiciste todo lo posible por sanar esa herida emocional.

Repetiremos el mensaje del Apóstol

Se menciona en la palabra de Dios que en un momento los Apóstoles llegaron a la ciudad de Atenas donde se adoraban muchos dioses, tan supersticiosos eran que incluso habían hecho una imagen al Dios desconocido; sabiamente un Apóstol les menciono… Vengo a predicarles en el nombre del Dios desconocido, de esa manera pudieron predicar sin ser reprimidos (echados o maltratados) el mensaje de Jesucristo.
Si bien en su momento esto fue una buena estrategia podríamos pensar que en la actualidad no es útil. Pero evidentemente miles de personas están olvidando sus palabras, millones de seres humanos ya no son evangelizados, ni creen en la palabra de Dios, la mayoría ni siquiera la conoce ,nunca nadie les ha hablado de un Salvador y Si alguna vez escucharon no le prestaron demasiada atención. Lo cierto es que un día nosotros como predicadores tendremos que presentarnos ante la gente de la misma manera que se presentaron los apóstoles, porque en la sociedad moderna hace mucha falta volverle a hablar en el nombre del Dios casi desconocido que se llama “Jesucristo”

(hechos 17.23)

El honor de ser considerado digno por Dios

Todo lo que emprende el hombre causará resultados. Para bien o para mal, siempre cosecharemos la plenitud de nuestra siembra.

He conocido personas con muy poca educación académica que lograron prosperar económicamente, ¿Cómo lo hicieron?, Con mucho esfuerzo y dedicación. Planteando objetivos concretos y trabajando con valor hasta lograrlos. Muchos comenzaron con empleos humildes, aquellos puestos laborales que otros descartarían por ser casi humillantes para su -Ego- Allí aprendieron invalorables lecciones de vida, trataron gente de mayor cultura y educación, fueron tan inteligentes que se cultivaron intelectualmente; sabían que era necesario hacerlo, para luego tener herramientas destinadas a lograr el buen trato con el prójimo, fueron en definitiva tan leales como Juan el Bautista, que predicaba y bautizaba en el desierto.

Vestía con humildad. Muchas veces sus necesidades no estarían plenamente satisfechas, pero ¿Saben a quien bautizó? Tuvo el honor de ser considerado digno por Dios para ésta misión, bautizó a su primogénito Jesús

(S. Mateo 3.13 a 17), (1.Juan 5.4-12) Te das cuenta que la mayor riqueza que puede obtener un hombre y una mujer, es ser considerado digno de confianza y esto también ocurre en la vida cotidiana. Nuestros Pastores, patrones o clientes comerciales necesitan personas dignas de confianza, si tú lo eres, entonces tu prosperidad será pronto manifiesta.

(2.Pedro 1.3 al 11)

El amor y la amistad en tiempos actuales

La globalización ha enriquecido el mundo en sentido científico y cultural, causando beneficios económicos a muchas personas en la sociedad actual, la familia de término medio obtiene tres veces más ingresos que hace cincuenta años.

El intercambio de ideas es una característica importante de la globalización y el mejor ejemplo es Internet que ha marcado el comienzo de una era de comunicaciones de alcance Internacional, pero ésta favorece más a los ricos y poderosos que a los pobres y necesitados. (Santiago 5.7 al 11) Sin embargo el amor y los sentimientos de amistad pueden ser cultivados mediante la red, muchos sitios de Internet afirman poseer la llave para encontrar el amor. Quizás le prometan que descubrirá fascinantes e increíbles secretos, le ofrecerán consejos de expertos en relaciones: —Doctores de Corazón‖. Terciaron en el tema reconocidos psicólogos, psicoterapeutas.

Hay, sin embargo, consejos que nunca fallan y que, además exponen el tema con veracidad, sin hacer promesas poco realistas y afirmaciones parciales. Se trata de un libro que, aunque antiguo contiene lecciones que jamás pasan de moda, su autor posee sabiduría y amor incomparable.

Es posible que usted ya tenga un ejemplar de la Santa Biblia, sin importar nuestros antecedentes o circunstancias, este libro nos enseña cuánto necesitamos saber sobre el amor. (2. Timoteo 3.16.17)

El Dinero, prestigio, poder, placer

¿Pueden estos valores calmar la sed de nuestras almas?

Profesionales, educadores, periodistas, hombres y mujeres de negocios, tienen la tendencia a buscar la felicidad en el dinero, el prestigio, el poder, el placer o en la búsqueda de la iluminación guiados por un maestro o mediante la lectura de libros o presenciando seminarios y conferencias de místicos de diversas escuelas o creencias. Generalmente al tiempo se sienten frustrados y plenamente desilusionados, porque no han podido calmar la sed de sus propias almas; Viven cercados de bienes y momentos comprados. Cargados de ocupaciones y con una intensa vida Social. Sus hijos están tan ocupados como ellos. Buscan una salida espiritual, pero el Evangelio que transforma vidas no los ha alcanzado, en general éstas personas están decepcionadas de la Iglesia tradicional. Quieren y desean conocer al Jesús de Galilea, porque saben que lo más fuerte en el Ministerio de Jesús fue su amor incondicional.

El nuevo Testamento muestra diversos encuentros que Jesús movido por amor, sostuvo con hombres de dinero, con poder o ambos. ¿Quiénes serán hoy los Nicodemos, los jóvenes ricos, los Zaqueos y Mateos? Aquellos que aparentemente lo tienen todo (S. Mateo 16 al 30) (S. Lucas 19.1 al 10). Como Consejero Cristiano debe proclamar la oferta de una vida en abundancia disponible para todo aquel que se acerca a Jesucristo. Aún aquellos que, aparentemente no sufren necesidad alguna necesitan escuchar las buenas noticias de la vida en plenitud. Solo deberían abrir el candado de sus corazones para que Dios penetre y cambie sus propias vidas. (S. Juan 6.35 al 40)

Un hogar feliz

En las zonas rurales de la Pcia. de Buenos Aires habita un pequeño pájaro que los lugareños han bautizado —El Hornero, porque construye su nido de barro y paja, el cual, extrae de alguna laguna cercana o charco de agua y con su pico le va dando forma. Fue considerado por este nombre porque hasta hace unos años, algunos hombres tenían por oficio la fabricación de ladrillo en un horno cocinando el barro, esta tarea tenía similitudes con la tarea del esforzado pajarito, que durante varios días trabaja incansablemente hasta construir su nido en donde junto a su pareja cobijaran los pequeños huevos que fecundos darán nueva vida. Aquel pequeño hogar fue creado con amor y sacrificio, es algo muy grato de ver cuando culminada la tarea de construcción ambos horneros entonan sus cánticos y aletean jugueteando con sus plumas, como si dijeran en su idioma: Ven amor. Es hora de establecer el nido. Ven, que el barro cobije nuestros sueños.

Si realizáramos una comparación con el género humano, podríamos decir que millones de seres aman y construyen con esfuerzo y constancia, otros solo pueden soñar porque no cuentan con recursos suficientes para construir su propia casa, pero lo que es difícil de imitar es el amor, la concordia y la paz que cada día persiste en aquel pequeño nido, mientras que en muchos hogares humanos hay continuas discordias. En la Biblia encontramos mencionado en Proverbios que mejor es el que tarda en airarse que el fuerte y el que se enseñorea de su espíritu, que el que toma una ciudad. Es mejor, anuncia, un bocado de comida en paz, que casa de contiendas llena de provisiones. (Proverbios 16.32 y 17.1). 18. Hijitos míos, no amemos de palabra ni de lengua, sino de hecho y en verdad. (1.Juan 3.18).

De niño problemático a Pastor

Germán era calificado por sus padres, como un niño problemático. Tanto Gabriela su madre como su padre Jeremías hacían un considerable esfuerzo para educar y corregir la indisciplina del pequeño, pero al finalizar el día sentían la frustración de no haberlo conseguido. Y él como si nada, soportaba en silencio los retos y el clásico ¿Entendiste?, respondía con una aprobación. Quizás los duendes traviesos de su imaginación mientras él respondía un ¡Sí! apremiado por la situación, ya estarían imaginando una nueva travesura.

Finalmente Gabriela y Jeremías decidieron hacerle caso a la psicóloga del colegio y dar comienzo a una terapia.

Al poco tiempo Germán, había cambiado su carácter. Ya no era el chico risueño, feliz, creativo, sumamente ingenioso e inteligente, pasa a ser una persona retraída que solía pasar largas horas en soledad, se lo notaba triste. A los pocos días la familia emprendió un viaje a Jerusalén, querían conocer los lugares históricos mencionados en la Biblia. El viaje demandaba gran parte de sus ahorros, pero era algo anhelado. Germán disfrutó de aquel paseo. No se cansaba de preguntar sobre ese histórico personaje llamado por sus padres Jesús de Nazaret.

Cuando comenzaron el recorrido orientados por un guía, notaron en el rostro de su hijo una cálida sonrisa, tiempo después siendo un adolescente lleno de vitalidad sumamente educado y culto, Germán tomaba la decisión de servir a Jesucristo como ministro Cristiano.

En aquellos lugares antiguos donde las sandalias del maestro habían dejado una huella imborrable, él encontró el punto justo de su equilibrio emocional y fue inmensamente feliz el resto de su vida.

(S. Mateo 9.35) (S. Mateo 18.10 al 14)

"Todo es posible para un hombre de buena voluntad"

Las guerras verbales y heridas que provocan algunas parejas

Animarnos a desarrollar potenciales humanos tales como: la tolerancia, la auto-estima positiva, el agradecimiento y el honor personal, así como liberarnos de esquemas rígidos de pensamientos y superar el ingrato recuerdo de las heridas emocionales, son algunos de los objetivos para nuestro propio bienestar. Pero todos estos anhelos se derrumban cuando en nuestra pareja o familia existen guerras verbales, ya que, muchas veces cuando hay un desacuerdo entre dos personas, ambas están convencidas de que tienen toda la razón y de que la otra tiene la culpa.

El lamentable resultado de esta situación es que dos personas pelean con armas silenciosas: uno no lo saluda cuando pasa o llega al hogar. Se miran con frialdad. Cuando se hablan lo hacen con brusquedad. Es posible que los dos sientan el dolor de las heridas emocionales y tengan conciencia que deberían hacer algo para sanarlas. (Gal.5: 22-23)

"Solo el amor puede sanar las heridas de nuestros corazones"

¿Pero quién dará el primer paso para restablecer la relación?

Como escritor, Comunicador Radial Cristiano y Colaborador de —Misión Nueva Vida; muchos testimonios de personas me han sido confiados, en su mayoría de mujeres cuyas parejas, las desvalorizaba y eran agredidas verbalmente afectando su auto-estima. El orgullo muchas veces nos engaña haciéndonos creer que somos mejores que los demás, los agresores verbales piensan que tienen la autoridad de juzgar el valor moral de su semejante olvidando que —Dios se opone a los altivos, pero da bondad inmerecida a los humildes. (Santiago 4.1-3.6)

¿Cómo recobrar lo perdido?

Debemos volver a experimentar juntos el milagro del perdón.

Recuperaremos la profunda belleza de la vida, dándonos cuenta que todas nuestras relaciones en la vida son sagradas.

La Felicidad

De todos los anhelos del ser humano, alcanzar la felicidad es uno que permanece en su corazón latente en forma permanente.

Una humilde mujer que cotidianamente se enfrenta a un mundo de dificultades económicas, con una familia con sus necesidades insatisfechas, con su incipiente lucha por sobrevivir, puede y procura ser feliz, pero si indagamos aún más también encontraremos personas acaudaladas, que disponen de medios económicos y servicios de calidad que pueden y procuran ser felices; pero hay cientos de seres humanos que viven una vida triste y muy insatisfactoria, ¿A que se debería esta sutil frontera que divide a los seres humanos entre los que se sienten realizados y aquellos para los cuales, existir significa cargar con una pesada cruz?, quizás deberían atesorar en su mente este hermoso proverbio 17.22 (el corazón alegre constituye buen remedio). Se han escrito cientos de libros y tratados sobre la felicidad. Algunos han sido de suma utilidad para muchas personas que mediante estas enseñanzas alcanzaron cierto grado de satisfacción.

Muchas veces no se alcanza la felicidad porque el ser humano vive tratando solo de complacer su vanidad olvidándose que su vida es limitada, diciendo: ¡Vamos ahora! hoy y mañana iremos a tal ciudad, y estaremos allí un año, venderemos y ganaremos, porque no sabes lo que será mañana. Porque ¿Qué es nuestra vida? ciertamente es neblina que se aparece por poco tiempo y luego se desvanece. (Santiago 4. 13 al 15)

¿Cómo entonces sería posible aspirar a la felicidad y conseguirla?

Quien admira a los grandes personajes de nuestra historia por sus valores y su enseñanza, deberá reconocer que un claro conocimiento de la vida y obra del considerado el hombre más grande de todos los tiempos Jesucristo, su bautismo cargando todos nuestros pecados pasados y futuros sobre la cruz, es sinceramente

Honremos a nuestros Padres

"Escucha a tu padre que causó tu nacimiento y no desprecies a tu madre simplemente porque ha envejecido", aconsejó el sabio en la antigüedad (Proverbios 23.22)

Yo nunca haría eso, es posible que exclamemos la mayoría de nosotros, no solo no despreciaríamos a nuestra madre o a nuestro padre, sino por el contrario, les tenemos un profundo amor. Pero en esta sociedad existen miles de seres humanos mayores abandonados a su suerte, sin familias y sin cobertura social.

Dice la Biblia: Delante de las canas te levantarás y honrarás el rostro del anciano y de tu Dios tendrás temor. (Levítico 19.32)

Es decir, debemos ser considerados y comprensivos, amar a nuestros mayores y procurar ayudarles en sus necesidades físicas, psíquicas y espirituales.

Procuremos que cada uno de ellos tenga la oportunidad de conocer el Evangelio según está manifestado en las Santas Escrituras.

La Consejería Cristiana

La consejería cristiana estudia el comportamiento del hombre y los factores que forjan su carácter para comprender mejor la condición humana.

La consejería Cristiana es terapia apoyada con la palabra de Dios.

Una psicología sin Dios nunca puede proveer una estructura consistente para desenvolverse en el terreno de aconsejar. Es importante saber que para ser un buen consejero cristiano hay que educarse en psicología y en los problemas reales de la gente, ser caracterizado por su empatía, su habilidad de oír, de no juzgar, de ofrecer cuidado compasivo, y por su ayuda, aportando un modelo de consejería basado en el amor.

Está claro que el ser humano creado por Dios es una unidad: la ayuda espiritual por lo tanto, también puede tener influencias positivas sobre el bienestar físico y emocional de la persona.

Dice la Biblia: que alentéis a los de poco ánimo, a que deis apoyo a los débiles y a que tengáis paciencia hacia todos. (1. Ts.5:14)

¿Como superar la soledad?

En nuestra sociedad, hay muchas personas de toda edad, raza, clase y religión a las que angustia la soledad. Muchas de las personas que consultan acudiendo a la consejería cristiana se sienten solas, es que todos necesitamos de vez en cuando alguien que nos escuche, nos aliente, comparta nuestros sentimientos o emociones más íntimos.

Muchos pensaron que el secreto de la felicidad era tener un auto, una buena cuenta bancaria, disfrutar los placeres, una carrera profesional y una casa grande.

¿Pero depende la felicidad de los bienes materiales?

Resulta evidente que la prosperidad económica no reduce la ansiedad ni la tensión; y en muchos casos la potencia, la vida que llevamos en una sociedad de consumo en donde todo parece tener precio, nos ha llevado a descuidar las relaciones humanas.

Recuerde que el amor, la amistad y la esperanza son esenciales para la felicidad. (Hechos 20.35)

Si bien no es fácil sobrellevar la soledad, porque están en juego emociones muy intensas, una de las consideraciones que debemos tener en cuenta es que nuestra situación no es permanente, se puede cambiar, y que hay otras personas a nuestro alrededor que también se sienten solos. Estos sentimientos comenzarían hacer vencidos definitivamente, si recordamos lo que uno de nuestros mejores amigos ha hecho por nuestras vidas.

Él fue herido por nuestras rebeliones, molido por nuestros pecados.

Por darnos la paz. Cayó sobre él el castigo, por sus llagas fuimos nosotros curados (Isaías 53.5)

Relata el evangelio de Juan que Jesús llora (S. Juan 11.35) Cuando María le dijo que su amigo Lázaro había muerto, demostrándonos a los Cristianos que era un ser sensible y que si recurrimos a él en oración Puede restaurar nuestra felicidad.

La Palabra de Dios revelada por el Espíritu Santo y transmitida a nosotros mediante la Biblia está en un nivel superior al de todas las palabras de los hombres.

Nuestros Hijos

La familia feliz es un remanso de paz y seguridad.

Los hijos saben que pueden acudir a su madre o a su padre con cualquiera de los problemas infantiles para ser aconsejados y sentirse seguros. Si no ocurre de esta manera, por ausencia de uno de los padres o por distintas circunstancias y nos solicitan ayuda, como consejero cristiano puede alentar y orientar, en este sentido, imitando el ejemplo de Jesús.

Jesús era un gran maestro porque amaba a las personas y quería ayudarles a conocer a Dios. Adultos y niños disfrutaban al estar con él, porque hablaba con ellos y los escuchaba.

Relatan las Santas Escrituras que un día, algunos padres llevaron sus hijos a Jesús pero sus discípulos pensaron que él estaba muy ocupado, entonces, les dijeron a los niños que se marcharan.

¿Qué hizo Jesús?

Les ordenó a sus discípulos: dejen que los niños vengan a mí, no traten de detenerlos.

(S. Lucas 18:15 a 17)

Aunque era un maestro importante les brindó su tiempo y sus mejores enseñanzas.

Servir como lo hizo Jesús

Ser Cristiano abarca más que solo leer la Biblia, orar y entonar cánticos los domingos. Implica actuar tanto en favor de Dios como del prójimo, la Biblia dice: " No amemos de palabra ni con la lengua, sino en hecho y verdad" (1 Juan 3.18)

Jesús se interesaba sinceramente por los demás y los Cristianos han de imitarlo, pero vemos como muchos que se denominan Ministros del evangelio viven en lujosas mansiones, y exigen de continuo dinero a sus feligreses, pero pocas veces recorren los hogares humildes llevando el mensaje del evangelio y compartiendo el pan que poseen con el necesitado, se gozan de ser servidos, pero usted y yo sabemos que si somos discípulos de Jesucristo tenemos que manifestar una predisposición como la de Cristo, de querer servir en vez de que se nos sirva y de ser menores en lugar de ocupar un puesto prominente (Mateo 20.17.28)(Marcos 3.17) (Lucas 18.31.34) (Juan 11.16).

Estar dispuesto aconsejar y servir a nuestros hermanos/as es tarea que por amor Cristiano debemos emprender

Procura ser ...

Trata de Ser la Mariposa que vuela y embellece el ambiente

Estamos viviendo momentos de dificultades, pero como Hijos de Dios

Debemos fortalecernos para superarlos, porque finalmente.

¿Que se consigue con quejas o con señalar, defectos ajenos?

Si deseamos una sociedad mejor, más justa, no es momento de dedicar algún tiempo para hacer lo que otros descuidan, para ayudar al amigo necesitado, para dar un buen ejemplo

Para cooperar en nuestro hogar, cultivar la fe que da fuerzas al alma

No te conformes con ser la oruga

Que se arrastra.

Sé la mariposa que vuela

Y embellece el ambiente.

Nuestra fe, debe ser fecunda en obras de amor.

¡¡¡ Vemos ahora que gracias al amor de Jesucristo lo tenemos todo!!!

Una buena receta para ser feliz.

Encomienda al Señor tu camino y confía en él y él hará (Salmo 37.5)

Nuestras fortalezas y debilidades

José y Andrea me mencionaba días atrás que notaban que cuando más se acercaban a Dios, trabajan por su obra, leían su palabra o deseaban predicar; más fuerte parecían llegar a sus vidas las tentaciones; tenían debilidades y siempre el dardo venenoso provenían desde allí (sin duda que Satanás conoce nuestras fortalezas y debilidades y su éxito radica en hacer caer a los que caen en tentación y como no nos va a tentar a nosotros sí se atrevió a tentar a Jesús en el desierto.

"Pues en cuanto él mismo padeció siendo tentado, es poderoso para socorrer a los que son tentados." Hebreos 2:18

Ahora cuál es la herramienta que nos aleja del mal pensamiento, de la mala acción, la Oración-*Orad que no entréis en tentación." Lucas 22:40*

Si estás tratando de llevar el mensaje del evangelio en las Redes Sociales, en tu casa, en el barrio o tu Ciudad recuerda*"Someteos, pues, a Dios; resistid al diablo, y huirá de vosotros." Santiago 4:7*

Salir Adelante

Cuando somos niños solemos sufrir bastante cuando otras personas nos discriminan; seria bueno que en base a esta experiencia dolorosa, al ser nosotros adultos no discriminemos a los demás.

Muchas veces el éxito o el fracaso en la vida de una persona depende de sentirse apoyada en sus iniciativas o sentirse totalmente sola/o. Es difícil después remar cuando la corriente viene siempre en contra y pesa la soledad que nos agobia.

¿Quieres hacer feliz hoy mismo una persona? Dile que la aprecias y que crees que sus sueños pueden ser posibles; alienta sus ganas de superarse y alcanzar nuevas metas; no solo te sentirás bien al realizar esta buena acción, sino que además estimulará a otro Ser Humano alcanzar su propia realización.

Cualquiera, pues, que me oye estas palabras, y las hace, le compararé a un hombre prudente, que edificó su casa sobre la roca.
(Mateo 7,24)

Los buscadores de la verdad

Hace unos años atrás leía una enciclopedia sobre religiones y creencias encontrando que hay un grupo religioso que se auto denominan "Los buscadores de la verdad"

Ellos toman lo mejor de cada religión, pero siguen en la búsqueda; sin duda deben considerar a cada religión o movimiento espiritual como parcial ya que no cubre todas sus expectativas.

En cambio muchos seguidores de Jesucristo (Cristianos) están adormecidos; un día encontraron "El camino, la verdad y la vida" *(Juan 14:6)* y dieron por sentado que ya era suficiente.

Sin embargo si encontraron el camino, luego es necesario transitarlo, si conocemos la verdad es bueno proclamarle y si se nos ofrece la vida eterna, es necesario compartir esa bendición con los demás.

Los Cristianos no continuamos siendo buscadores de la verdad porque ya la encontramos; solo nos falta aferrarnos al arado* y sin mirar atrás sembrar el evangelio en nuestra generación

*(Lucas 9.62)

Alivio ante el dolor

Una de las cosas más difíciles de enfrentar debe ser la muerte de un ser querido, o el diagnóstico del doctor cuando nos habla sobre una enfermedad muy difícil que enfrentamos nosotros mismos *(Que en muchos casos otros, no pudieron superar por su gravedad)*

En la Biblia hay un relato en donde Jesús se entristeció al saber que su amigo Lázaro había muerto.

El hijo de Dios hecho hombre también sabía que la muerte es el último aguijón a vencer, y fue a resucitar-lo y esta resurrección fue uno de los milagros más sobresalientes que Jesucristo realizó (Juan 11. 1. 2)

Este milagro hizo que muchos pusieran fe en Jesús; de la misma manera y con la misma Esperanza debemos poner hoy nuestra fe como base fundamental para superar cualquier dolor, esto nos dará paz en nuestros corazones y a su vez transmitimos confianza, a quien sufre la ausencia de un ser querido, porque el señor limpiará las lágrimas de todo rostro, anuncia la Biblia en (Isaías 25.8)

Hacia la madurez emocional

Cuando el niño es pequeño generalmente recibe el afecto de las personas en general. Un niño pequeño es como un Ángel que acaba de nacer y a todos nos conmueve su sonrisa, sus gestos, sus primeros pasos.

Luego pasa el tiempo y las relaciones cambian; la vida y el ambiente social donde vive la persona irán moldeando su personalidad.

Pasamos de ser angelicales a ser individuos con una cierta madurez emocional, a veces algo neurótico, arrastramos frustraciones, desencantos con la vida y por momentos nos tornamos en seres difíciles de tratar.

En ese sentido explicaría un buen consejero Cristiano que sería importante revisar nuestra conducta cada tanto para no tornarse en personas tóxicas *(Que dañan emocionalmente a los demás)*

Si en algún momento notamos que hemos perdido la felicidad interior procuremos recurrir en oración al Padre Celestial, él nos proveerá de la fuerza anímica necesaria para tener una sana y equilibrada personalidad.

Dios escuchará nuestras plegarias si somos perseverantes y no nos cansamos de presentarle nuestras peticiones. (Lucas 18, 1-8)

Las marcas de la vida

Las heridas emocionales dejan cicatrices que muchas veces la persona no termina de procesar a pesar del paso del tiempo y siguen presente en su inconsciente y cada tanto suelen manifestarse.

Los terapeutas del Alma (Consejeros Cristianos) Ayudamos emocionalmente a las personas con la orientación que nos brinda la palabra de Dios.

(Lea en su Biblia los siguientes consejos para toda la familia)

Mateo 19:4-6

Salmos 127:3-5

Proverbios 17:6

1 Pedro 3:1

Efesios 6:1-4

Proverbios 23:24

Aunque la misma persona puede comenzar su proceso de superación en soledad mediante la oración al Padre Celestial; si no se siente suficientemente seguro/a

Puede recurrir al Pastor de su Iglesia o a un consejero experimentado.

Sus heridas emocionales pueden sanar y es necesario que así sea, para que usted sea feliz

El viejo camino abandonado

Cuando somos niños nuestros padres nos tratan de enseñar sus valores, transmitir su fe, educarnos para la vida.

Luego será la escuela que mediante sus maestros nos forman como ciudadanos listos para emprender nuestro propio rumbo; pero pasa el tiempo y dejamos de seguir algunos consejos, desoímos enseñanzas y tomamos algunas decisiones equivocadas. Pero aún así Dios nos ama y nos dice en su palabra que si nos arrepentimos, y confesamos en oración nuestros pecados, él nos limpiará y nos dará una nueva oportunidad, es hora entonces de retornar al viejo y seguro camino que por amor nos indicaron nuestros mayores.

Venid ahora, y razonemos —dice el Señor— aunque vuestros pecados sean como la grana, como la nieve serán emblanquecidos; aunque sean rojos como el carmesí, como blanca lana quedarán.

(Isaías 1.18)

Sentirnos plenos y aceptarnos a nosotros mismos

Como puedo hacer preguntaba María para tenerme más confianza, para creer más en mis propias capacidades; para no depender tanto de la aprobación de los demás.

En primer lugar tienes que ser consciente de tus fortalezas y de tus debilidades, todos las tenemos.

Luego que realizamos esta reflexión interior debemos ver como trabajamos para superar nuestras debilidades; si necesitamos capacitarnos más, emprendamos con alegría ese desafió, busquemos que estudiar y dónde hacerlo, incluso hay muchos lugares donde podríamos capacitarnos gratuitamente; el único obstáculo mayor suele ser nuestra indefinición y continua postergación.

Si una de nuestras debilidades fuera el carácter es hora de comenzar un cambio positivo en ese sentido, aprender del maestro Jesucristo cuando nos dijo en Mateo 11-29

Llevad mi yugo sobre vosotros, y aprended de mí, que soy manso y humilde de corazón; y hallaréis descanso para vuestras almas.

Esa es la actitud correcta que nos daría mucha paz y nos permitirá vivir una vida más plena.

Ahora pensemos en nuestras fortalezas, aquellas que nos han permitido superarnos y nos daremos cuenta, que trabajando nuestras debilidades y potenciando nuestras capacidades podemos alcanzar nuevas metas que nos permitirán tener una sana autoestima y dejar de depender de la opinión ajena y confiar desde ahora en más en nosotros mismos.

Si te amas y aprecias lo suficiente emprenderás cada día con renovadas esperanzas.

Como vivir enamorada/o

Es una época de grandes frustraciones.
Atrás quedaron en buena medida las familias idílicas, aquellos matrimonios fuertes, soñados, que se acompañaban amorosamente hasta el último día de sus vidas (algunos aun existen y existirán siempre)Las tensiones de la vida actual suele hacer estragos con muchas relaciones de parejas, demasiado ocupadas en sus trabajos o compromisos sociales desatienden lo más valioso, al propio Ser que aman.
Entonces surgen las desilusiones, el desencanto y finalmente si no le prestamos atención el final de la pareja.
A nadie le gusta ser dejado de lado, descuidado emocionalmente.
Todos de una u otra manera necesitamos que se nos enamore y enamorar cada día al ser que amamos
Recordemos que el romance y la sexualidad son bendecidos por el Padre Celestial cuando se ejercen dentro de los vínculos del matrimonio. Está escrito en la Biblia en el Proverbios 5:18-19,"Sea bendito tu manantial, y alégrate con la mujer de tu juventud, como cierva amada y graciosa gacela. Sus caricias te satisfagan en todo tiempo, y en su amor recréate siempre".
Un gesto, un regalo, un ramo de flores pueden hacer feliz a la otra persona, recuerda esto "Hazle a los demás lo que te gustaría que te sucediera y habrás adelantado un paso camino a tu felicidad"

Tener el oído atento a las necesidades emocionales

La verdadera transformación social comienza cuando hacemos lo que indica el libro Sagrado "la Biblia" al poner nosotros las manos sobre el arado sin mirar atrás.

Cuando comenzamos a trabajar con entusiasmo labrando la nueva tierra, donde debemos sembrar la semilla con el ejemplo.

Predicar el evangelio, hablar del futuro reinado del Mesías, enseñando un oficio para que todos se ganen el pan dignamente, compartiendo nuestro pan cuando fuera necesario y brindando oído atento a las necesidades emocionales, es forjar relaciones saludables.

Es darle a la gente una verdadera esperanza y que dejen de estar tan pendientes de las falsas promesas de algunos políticos inescrupulosos, que dicen una cosa, pero hacen otra. Porque engañan y son engañados.

Ante todo, sabed esto: que en los últimos días vendrán burladores, con su sarcasmo, siguiendo sus propias pasiones.

2 Pedro 3:3

Jesucristo pronto retornará a buscar sus escogidos.

Es la hora, el momento de escoger el Camino que él propone cuando dice

Yo soy el camino la verdad y la vida (Juan 14-2 Al 5)

Poesías

“Te Propongo”

Ser la voz de los humildes.
Sembrar en la tierra mi palabra*.

Dejar tu cruz,

sobre la cruz de mi calvario

porque pagó por amor,

tus pecados

Ahora libre y redimido

eres la antorcha que nos falta

para iluminar el Alma

de aquellas personas

que alejadas de Dios,

están sin esperanzas.

**Mateo 13:1-15*

Nunca te rindas

Aunque arrecien las tormentas en tu vida,
aunque todo parezca derrumbarse, confía,
creé en tu fortaleza para reponerte.
Como tantas veces lo lograste, una vez más
saldrás adelante...
Aunque debas nadar contra la corriente
alcanzarás tus sueños.
Nunca te rindas.
Confía en Dios, el sana, bendice y fortalece

Ante Dios

Deseo que llegues a mi como un Ángel
toda vestida de blanco y con un Coro celestial
que te acompañe hasta el Altar mismo de la Iglesia.

Con el mejor traje de Gala
te estare esperando.
Ante Dios, una alianza unirá para siempre,
nuestros corazones

Printed by Books on Demand GmbH, Norderstedt / Germany